Nimm das Leben nicht persönlich

Gedanken über die Realität

von Michael Kewley
Dhammachariya Paññadipa

Kommentar der Übersetzer/innen:

Wir haben mit der besten Absicht versucht, die ursprünglichen Bedeutungen und Gefühle von Michaels Worten wahrhaftig zu übersetzen, um die Reinheit des Dhamma auf diese Weise mit anderen so zu teilen wie er. Dhamma ist Freude, ist Befreiung und vor allem ist es praktisch in unserem täglichen Leben anwendbar.

Andrea Pfeifer-Punke, Katja Rewerts, Maria Lenz, S. M. Hug-Breitkopf, Stephan Rupp, Florian Schwindt.

ISBN: 978-1-899417-08-7
Titel der Originalausgabe: „Life is not personal"
Deutschsprachige Ausgabe
Copyright © Michael Kewley 2009

Veröffentlicht von Panna Dipa Books
dhammateacher@hotmail.com

Für Isabelle

Für Isabelle

Einleitung

Dhamma ist kein Geheimnis, das nur wenige kennen dürfen, es ist eine Wahrheit, die von jedem erkannt werden kann. Und diese Wahrheit tragen wir in uns – immer.

Dieses Buch bietet eine Reihe von Erinnerungshilfen, um in uns diese Wahrheit zu erwecken.

Du bist nicht der Körper, du bist nicht der Geist – wer leidet also?

Alles, was du erlebst, hat immer nur die Macht, die du ihm gibst – also hör auf, dir selbst das Leben schwer zu machen.

Das großartigste Geschenk, das wir uns und der Welt machen können, ist Dhamma: Uns zu bemühen, wirklich frei zu sein und ein schönes Leben zu führen, das nicht nur für uns selbst wertvoll ist, sondern für alle Wesen.

Es ist nicht meine Absicht, dir eine Reihe von „Dhamma-Phrasen" an die Hand zu geben, die du bei einer Tasse Kaffee mit Freunden in eure Gespräche einfließen lassen kannst, um zu beeindrucken. Vielmehr sollen es kraftvolle Erinnerungshilfen an die Wirklichkeit sein, direkte Weckrufe an dein Herz!

Auf jeder Seite biete ich eine kurze Erklärung an, einen Fingerzeig, der auf den Weg hinweist. Keine dieser Wahrheiten kann durch den Intellekt erfasst oder verstanden werden. Sie kommen vom Herzen und sie können nur mit dem Herzen aufgenommen werden.

Lies dieses Buch nicht einfach von Anfang bis Ende durch, sondern öffne es jeden Tag an einer zufälligen Stelle und schau, was es dir offenbart.

Und denk daran, mit der Wahrheit ist es wie mit einem Witz, entweder man versteht ihn, oder man versteht ihn nicht, aber man kann ihn nicht erklären. Sei also geduldig und lass zu, dass sich dir die Wahrheit zeigt. Es gibt hier nichts zu „kapieren", also entspanne dich und sei offen. Alles wird sich offenbaren.

Mögen alle Wesen glücklich sein.

- 1 -

Es hat noch niemand auf seinem Sterbebett
gelegen und gesagt:
„Ich wünschte, ich hätte mehr Zeit an meinem
Arbeitsplatz verbracht."

Wo liegen deine Prioritäten? Steckst du deine Energie in Dinge, an die du glaubst, oder folgst du einfach immer der gleichen alten Routine? Auch wenn es vielleicht so scheint, niemand bringt dich dazu, irgendetwas zu tun. Du bist verantwortlich für dein Leben und dafür, wie du es lebst. Halte also für einen Moment inne, und denk nach: „Tue ich die Dinge, die für mich wichtig sind, oder lasse ich mich durch Konventionen und Angst ablenken?"

Wessen Leben wirst du am Ende deines Lebens gelebt haben, deines oder das von jemand anderem?

- 2 -

**Sei nicht überrascht,
wenn dein Leben nicht genau so verläuft,
wie du es geplant hattest.**

L eben ist das große Unbekannte. Auch wenn wir alle möglichen Pläne und Millionen von Annahmen über die Zukunft machen, ist es in Wahrheit so, dass wir nicht wissen, was im nächsten Moment geschehen kann, und noch weniger wissen wir, was in den nächsten fünf Wochen, Monaten und Jahren passieren wird.

Also sei nicht überrascht, wenn sich Dinge nicht nach deiner Vorstellung entwickeln, entspanne dich einfach, und erinnere dich daran, das Leben nicht persönlich zu nehmen, es ist einfach nur das Leben. Sei offen für die sich ständig verändernden Bedingungen und fließe mit ihnen. Bleib nicht stecken. Du bist bereits mächtiger, als du weißt.

- 3 -

**Die Entscheidungen, die wir treffen,
bestimmen das Leben, das wir führen.**

Also, wofür entscheidest du dich heute? Aus der Liebe heraus zu leben oder aus der Angst? Du hast die Wahl. Liebe ist immer unsere Stärke, Angst ist immer unsere Schwäche. Wenn wir unserer Angst folgen, egal wie subtil sie sein mag, schaden wir uns in unserem Leben ständig selbst und glauben, dass wir das, was wir tun, für uns selbst tun. Tatsächlich aber folgen wir nur dem gleichen alten Weg - dem Weg unserer Eltern, dem Weg unserer Ausbildung, dem Weg unserer Kultur und Gesellschaft. Es gibt keinen richtigen Weg zu leben, nur den der Liebe. Es ist ein großer Fehler zu glauben, dass es immer etwas in der Welt gibt, wofür es sich lohnt, unsere Ehrlichkeit aufs Spiel zu setzen. Finde deinen Weg, und folge deinem Herzen.

- 4 -

Den inneren Frieden erlangst du nicht durch das Nachdenken.

Der Geist ist der Architekt unseres Lebens und kann sich als unser bester Freund oder als unser größter Feind erweisen. Natürlich ist der Geist selbst nur der Geist, sein Wert definiert sich durch die Art und Weise, wie wir ihn benutzen. Wir sind gesellschaftlich und kulturell so konditioniert, dass wir den Geist dazu verwenden, geschäftig zu sein, uns Fragen zu stellen, zu planen und zu spekulieren, immer in dem Glauben, dass wir durch das Nachdenken zu Frieden und Glück in unserem Leben gelangen können. Aber wahres und dauerhaftes Glück liegt hinter dem denkenden, ruhelosen Geist.

In dem Moment, in dem das Denken aufhört, entsteht Zufriedenheit, innere Ruhe und Frieden. Da ist das wundervolle „Sein" im Moment.

Hier ist das Glück, das nicht von der äußeren Welt bestimmt wird und nicht vom Geist mit seinen Gedanken, Wünschen und Ablehnungen.

Versuche also, ein wenig mehr loszulassen. Hör auf, jeden und alles kontrollieren zu wollen und erlaube den Dingen genau so zu sein, wie sie sind. Hier findest du den inneren Frieden.

- 5 -

**Die Menschen sind so, wie sie sind,
das ist ihre Wahl.
Du bist so, wie du bist, das ist deine Wahl!**

Wir sind keine Opfer in diesem Leben. In jedem Moment treffen wir Entscheidungen und wählen, wie wir sind, und wie wir sein können. Diese Tatsache wird zum größten Teil nicht wahrgenommen, und wir fühlen uns von äußeren Bedingungen bestimmt. Aber du hast es in der Hand – du weißt es nur nicht!

Hör auf, über andere zu urteilen. Sie handeln entsprechend ihrer Ängste und Begierden und werden mit den Konsequenzen ihres Tuns konfrontiert werden. Betrachte dich selbst, woher kommst du? Frag dich selbst ehrlich und direkt: „Was steht bei mir auf der Tagesordnung?", „Warum bemühe ich mich an dieser Stelle?", „Was will ich?", „Warum tue ich das?".

Wenn wir uns über unsere wirklichen Motivationen im Leben klar sind, wird alles einfach, und wir hören auf, das Opfer von jemand anderem zu sein und – was noch wichtiger ist – wir hören auf, das Opfer unserer eigenen Selbsttäuschung zu sein.

- 6 -
Klarheit

Klarheit ist vielleicht das wertvollste Gut in unserem Leben. Sie ist die Fähigkeit, die Realität jeder Situation zu sehen und zu erkennen, ohne sich von ihr irritieren zu lassen. Ohne dieses klare Erkennen fühlen wir uns oft wie ein Korken, der willkürlich auf den Wellen hin und her geschleudert wird, ohne wirkliche Kontrolle über unser Leben. Für den eigenen inneren Frieden müssen wir wissen, was wichtig, was weniger wichtig und was bedeutungslos ist! Wenn wir im jeweiligen Moment Klarheit haben, sind wir in der Lage, ausgeglichen zu reagieren, ohne „aus einer Mücke einen Elefanten zu machen"!

Es ist kein Weltuntergang, zu spät zu einer Verabredung zu kommen, den Bus zu verpassen oder morgens zu verschlafen. Das sind einfach Dinge, die passieren, sie sind Teil unseres Alltags und sollten nicht überbewertet werden. Denk daran: Alles, was in deinem Leben passiert, hat nur die Kraft und die Bedeutung, die du ihm einräumst. In dem Moment, in dem wir klar sehen, werden wir wissen, was zu tun ist und was losgelassen werden kann. Auf diese Weise werden wir wahren Frieden, wahres Glück und wahre Werte erfahren.

- 7 -

Alles, woran wir festhalten, wird uns verletzen.

Wir versuchen, unserem Leben Sicherheit zu geben, indem wir an Dingen festhalten, seien es Menschen, materielle Besitztümer oder Ideen. Aber nichts ist sicher. Alles kann uns auf die eine oder andere Weise genommen werden. Und wenn es uns genommen werden kann, haben uns diese Dinge dann wirklich gehört?

Lass deshalb los, und sei mit den Dingen, wie sie sind. So können wir alles Schöne im Leben genießen, ohne danach zu greifen oder uns zu wünschen, dass es für immer bleibt, und wir können die schwierigen Dinge ertragen, die uns begegnen. Dies ist die Schönheit der Weisheit: Mit dem Leben zu fließen und glücklich zu sein.

- 8 -

Das Leben ist nur ein Spiel.

W ie oft am Tag vergessen wir das? Das Leben ist ein Spiel, manchmal kompliziert, manchmal einfach, aber es bleibt doch immer ein Spiel. Und Spiele sind dazu gedacht, gespielt und genossen zu werden, uns so zu fordern, dass wir unsere Fähigkeiten entdecken und nutzen können, um unser eigenes Leben zu leben. Die Vorstellung von Gewinnen und Verlieren verwandelt das Spiel in einen Kampf, der einzig darauf abzielt, den anderen zu besiegen. In dem Moment, in dem wir Erfolg und Sieg über Scheitern und Niederlage stellen, geraten wir aus dem Gleichgewicht und verlieren die Freude am Spiel. Genau in diesem Moment werden wir zum Opfer unserer Begierden.

Schau dir an, aus welchem Blickwinkel wir Sport betrachten. Wenn wir einfach einen Wettbewerb zwischen zwei Spielern oder Mannschaften sehen, können wir ihre individuellen Fähigkeiten genießen. Erst wenn wir uns für eine Seite entscheiden, sind Kummer und Enttäuschung Tür und Tor geöffnet.

Deshalb geht es dem weisen Menschen nicht um Sieg und Niederlage, Erfolg und Scheitern, sondern nur um die Freude am Spielen. Das Gewinnen und das Verlieren sind kurzfristige Ziele von kurzsichtigen Menschen. Letzten Endes hat nur das einen Wert, was wahres und dauerhaftes Glück in unser Leben bringt.

- 9 -

**Was auch immer du zu sein glaubst,
das bist du nicht.**

Wir bauen eine Identität aus dem auf, was wir tun, anstatt aus dem, was wir sind. Wir bleiben in einer Vorstellung stecken, die durch unsere Konditionierung entstanden ist. Aber in Wahrheit gibt es nichts, was wir wirklich sind und keine Art und Weise, wie wir sein müssen. Das sind nur Vorstellungen. Wenn wir hinter diese Vorstellungen blicken, werden wir feststellen, dass sie leer sind. Der Geist ist in jedem Moment in Bewegung, und wir können ihn nicht an eine Zeit oder an einen Ort oder an eine Vorstellung binden. Was wir als unsere Identität begreifen, ist nur eine Bewegung des Geistes, und so schnell, wie sie entstanden ist, ist sie auch wieder vorbei. Also hör auf, am Geist festzuhalten. Freiheit ist nichts, was erreicht werden muss, es ist etwas, das erkannt werden muss. Die einzigen Begrenzungen, denen wir in unserem Leben begegnen, sind diejenigen, die wir uns selbst auferlegen.

- 10 -
Niemand ist unersetzlich!

Aus Unsicherheit machen wir aus unserem Leben und dem was wir tun, etwas Wichtiges. Wir erschaffen die Illusion, dass ohne uns die Welt, oder zumindest unsere kleine Welt der Familie, Freunde und Arbeit, nicht weiter existieren würde. Aber das ist ein Irrglaube!

In Wirklichkeit ist es völlig egal, wer wir sind und was wir tun, die Welt wird auch ohne uns weiter existieren. Wir werden nur nicht da sein, um sie zu organisieren, das ist alles!

Würde der britische Premierminister heute Nacht sterben, dann würde die Regierung weiter machen, das Land würde weiter existieren und das Leben würde weiter gehen. Sogar der Tod des wichtigsten Politikers eines Landes würde unseren Alltag nicht verändern. Stürbe der Dalai Lama heute Nacht, würde die Tradition des Tibetischen Buddhismus fortbestehen.

Das Leben ging sogar nach den Beatles weiter.

Die Erkenntnis, dass wir nicht unersetzlich sind, ist ein Wendepunkt in unserem spirituellen Leben. Wir erkennen aus dem Herzen heraus unseren eigenen, wahren Wert.

Mit dem Wissen, nicht unersetzlich zu sein, beginnen wir, auf uns selbst acht zu geben, und sind nicht mehr das Opfer der persönlichen Launen unserer Familie, Freunde und Arbeit. Wir nehmen uns die Zeit zu entspannen und Spaß zu haben. Wir schätzen unser eigenes Leben und unsere eigenen Freuden.

Es ist eine wunderbare Tätigkeit, für andere da zu sein und ihnen zu helfen. Es ist der wahre Kern des spirituellen Verständnisses, aber nur aus dem Wissen heraus, dass nicht immer wir diejenigen sein müssen, die es tun.

- 11 -

Es liegt nicht in meiner Verantwortung,
dich glücklich zu machen.

In Beziehungen ist es häufig so, dass eine Person die Rolle übernimmt, die andere Person glücklich zu machen. Das ist ein großer Fehler!

Glück ist immer eine persönliche Angelegenheit, und was jemanden einmal glücklich gemacht hat, funktioniert nicht unbedingt ein zweites Mal.

Dein Glück kommt von dir, das Glück von jemand anderem kommt von ihm. Es kann nicht gegeben, nicht genommen und nicht einmal geteilt werden. Betrachte dein eigenes Leben. Sorge dafür, dass du selbst glücklich bist, denn wenn du glücklich bist, wirst du heiterer und offener sein. Du wirst mit den sich ständig verändernden Bedingungen des Lebens fließen, ohne dich zu beschweren oder einen großen Wirbel zu machen. Jetzt kannst du zu all deinen Beziehungen wirklich etwas beitragen.

- 12 -

Lass das Leben zu dir kommen.

Man sagt, „Geduld ist eine Tugend", aber in unserem Alltag fühlen wir uns oft sehr weit entfernt von ihr. Die Zeit scheint uns immer davon zu laufen. Alles muss sofort oder am besten schon gestern fertig sein und wir hinken immer hinterher. Als Folge des äußeren Drucks, dem wir im Leben begegnen, verlieren wir unser Gleichgewicht und damit den Sinn für Geduld, die Fähigkeit, den Dingen zu erlauben, sich in ihrer eigenen Zeit zu entwickeln.

Unsere Nahrung wird mit Chemikalien und Steroide behandelt, damit wir sie früher als von der Natur vorgesehen, essen können. Unsere Kinder entwickeln früher als notwendig erwachsene Körper und Denkarten und verpassen so die Freude der Kindheit. Und es ist für uns fast unerträglich, fünf Sekunden zu warten, bis eine E-Mail verschickt oder empfangen werden kann!

Mit dieser Lebenseinstellung versäumen wir, was das Leben uns wirklich offenbart. Sind wir auf eine bestimmte Idee oder Sache fixiert, bedeutet es, dass wir unsere Sichtweise einschränken und nicht offen für andere Möglichkeiten sind. Aus diesem Grund kann man so viele wunderbare Gelegenheiten verpassen.

Nicht Ehrgeiz sollte verstärkt werden, sondern Klarheit! Werde dir klar darüber, was du willst und was du nicht willst, und lenke deine Energie geduldig, liebevoll und sanft in diese Richtung. Sei offen, so dass das Leben zu dir kommen kann.

- 13 -

Alles, was du willst, hast du bereits.

W ir verwenden so viel Zeit und Energie darauf, Dinge von außen zu bekommen, die uns glücklich machen sollen, sodass wir vergessen, was wirklich wertvoll ist. Wenn wir ehrlich darüber nachdenken, kann unser Leben als Gewohnheit des Geistes gesehen werden, die Welt und alles, was sie enthält, für uns passend zu machen. Wir haben das Gefühl, dass es so viele Dinge in unserem Leben gibt, die wir ändern müssen: Menschen und Beziehungen, unsere Arbeit und gesellschaftliche Situationen. Aber in Wirklichkeit gibt es nur eins, was wir ändern müssen: das Herz.

Wenn sich das verändert hat, hat sich alles verändert. Dieses Herz muss nicht erst erschaffen werden. Es ist schon perfekt und wartet nur auf dich.

Alles Schöne und Wertvolle, was du schon immer wolltest, ist da, als Geschenk verpackt und bereit, geöffnet zu werden.

- 14 -

Lass die Hoffnung los und sei frei.

Hoffnung ist eine weitere Falle des Geistes. Sie ist ein romantischer Trick, der uns immer gefangen halten wird. Solange wir in der Vorstellung von Hoffnung gefangen sind, bleiben wir in der Geisteshaltung des Opfers gefangen. „Das Beste zu hoffen", „zu hoffen, dass alles klappen wird", „zu hoffen, dass nichts falsch läuft", „zu hoffen, dass ich diesmal nicht verletzt werde" zeigt nur, dass wir auf die persönliche Macht über unser Leben verzichten und Vertrauen und Glauben in eine Idee setzen. Natürlich ist Vertrauen wichtig, aber es sollte unsere eigene Rechtschaffenheit und Urteilskraft sein, der wir vertrauen. Wir müssen der bewusste Architekt unseres Lebens sein, der seine Wahl und seine Entscheidungen trifft und zu ihren Folgen steht. Das Leben ist etwas, mit dem man in Beziehung tritt, es ist ein Spiel, das gespielt werden will. Steh nicht am Spielfeldrand und hoffe das Beste, versuch dir im Klaren darüber zu sein, was du willst und lenke deine Energie in diese Richtung.

Sei wach und sei klar, auf diese Weise wird alles, was du willst, zu dir kommen.

- 15 -

**Ich bin nicht der Körper,
ich bin nicht der Geist.**

Dies ist die Übung des Meditierenden. Eine tägliche Betrachtung, um uns von der Anhaftung an den Gedanken zu befreien, dieser Körper und dieser Geist zu sein. Der Körper verändert sich ständig von Moment zu Moment, Tag für Tag bis zum Ende seiner Lebensspanne. Wir können diesen Verlauf nicht ändern, und unser Einfluss darauf ist minimal. Geburt, Krankheit, Alter und Tod. Das ist die Natur des Körpers.

Nur wenn wir fähig sind, mit dieser natürlichen Dynamik in Harmonie zu sein, können wir friedvoll damit leben. Wir können alle körperlichen Freuden genießen und die unbequemen Dinge, die uns weiterhin begegnen werden, geduldig ertragen.

Der Geist ist ein immerwährender Strom von Gedanken, Stimmungen, Gefühlen und Emotionen, die kommen und gehen, ohne Ende. Manche von ihnen sind angenehm, und manche sind unangenehm, aber alle haben die gleiche Natur: Unbeständigkeit.

Nirgendwo, in keinem dieser Prozesse, können wir anhalten und sagen: Das bin ich.

Wir sind nicht der Körper, wir sind nicht der Geist, wer ist es dann also, der leidet?

Entspann dich, feiere das Leben. Siehst du, du bist bereits frei!

- 16 -

Wir sind immer für irgendjemand der Dumme.

Schau dich um. Sind nicht alle Idioten? Was sie sagen, was sie tun, wie sie leben, wie sie Auto fahren!

Warum kann nicht jeder so sein wie ich? Vollkommen, na gut, fast vollkommen . Ja, ich mache manchmal ein paar Fehler, und manchmal verstehe ich Sachen falsch, aber das ist nie meine Schuld.

Kommt dir das bekannt vor? So denken wir – alle. Wir sind immer die Dummen oder die Idioten für jemand anderen, weil wir alle ständig über einander urteilen. Wir schauen aus einer Position der Angst heraus und fordern, dass alle, mit denen wir in Kontakt kommen, immer genau das denken, tun und sagen sollen, was wir von ihnen wollen. Wenn sie das tun, können wir uns entspannen, uns sicher fühlen, aber bis dahin: aufgepasst! Wir werden über jeden urteilen und ihn verdammen, der sich anders verhält, als es unserer Vorstellung von Vollkommenheit entspricht. Unglücklicherweise, und so schwer das auch zu glauben sein mag, könnte es gut sein, dass jemand gerade jetzt genau das mit dir macht. Ärgere dich nicht darüber, es ist nicht persönlich gemeint – es ist nur ein Ausdruck unserer Angst. Lass los, und erlaube allen, so zu sein, wie sie sind. Auf diese Weise wirst du glücklicher und friedvoller, und das Leben wird nicht mehr so „stressig" sein.

- 17 -

Dieses ist dieses.

D as Leben ist Einbildung. Es ist ein Film. Es ist eine Fernsehshow. Die Bilder, Ideen und Konzepte, die uns umgeben, sind in Wirklichkeit nur Fantasien. Keine davon ist wirklich, und tatsächlich haben alle von ihnen nur die Macht, die wir ihnen geben. Angst, Niedergeschlagenheit, Liebe, Freude scheinen so wichtig, so mächtig. Dies sind die Dinge, die wir wollen bzw. nicht wollen. Sie haben jedoch eine eigene Lebenskraft und sie kommen und gehen, wie es ihnen gefällt. Wenn Glück aufsteigt, fühlen wir uns gut, wenn Unglück aufsteigt, fühlen wir uns schlecht. Glück und Unglück sind die Meister, und wir sind ihre armen hilflosen Opfer. Aber, um es zu wiederholen, das ist nur eine weitere Fantasie. Angst ist nur Angst. Sie ist eine unbeständige Bewegung des Geistes, die kommt und geht, aber in Wirklichkeit hat sie nur die Kraft und den Einfluss, den wir ihr geben. Glück ist nur Glück. Es steigt auf und vergeht, entsprechend seinen Bedingungen. Aber am Ende sind das nur Angst und Glück. Dinge sind nur, wie sie sind. Verstehst du?

Wenn wir das verstehen, sind wir frei. Unsere Welt ist aufgebaut und bedingt durch die geistigen Zustände, denen wir Kraft geben. Nichts existiert außerhalb des Geistes, und dieser Geist ist unsere Welt.

Sieh deshalb die Dinge, wie sie sind. Hab keine Angst, du wirst nichts verlieren, sondern alles gewinnen.

Wenn wir verstehen, dass Dinge nur Dinge sind, dass dieses nur dieses ist, erfahren wir Freiheit im eigenen Leben.

Geschieht also etwas Angenehmes in deinem Leben, genieß es. Passiert etwas Unangenehmes in deinem Leben, entspann dich. Mach nicht mehr daraus, als es wirklich ist. Es ist nur das, was es ist.

- 18 -

Akzeptanz.

Das Geheimnis des Glücks in diesem Leben liegt darin, dass einem nichts etwas ausmacht. Es liegt darin, die Realität jeder Situation in jedem Moment zu akzeptieren, selbst wenn wir sie nicht mögen, selbst wenn wir sie nicht gutheißen, selbst wenn wir sie nicht wollen! Die Realität ist das, was tatsächlich passiert, und wir sind ein Teil davon. Es ist die Wahrheit, die sich vor unseren Augen entfaltet. In dem Moment, in dem wir die Wahrheit akzeptieren, sind wir frei von der Macht der Angst.

Akzeptiere also die Realität des Moments und reagiere mit Liebe, Mitgefühl und Weisheit. Erschaffe keine Phantasiewelt aus deinen persönlichen Ansichten und Meinungen wie jeder und alles sein sollte. Sie entsprechen nicht der Wahrheit, sondern sind nur Bedingungen für dein Unglücklichsein.

Lass also diese eingeschränkte Lebensweise los und sei eins mit der Realität des Moments. Sei glücklich.

- 19 -
**Ich weiß, was ich sage,
aber ich weiß nicht,
was du hörst.**

Die Welt, die wir erfahren, ist einzigartig und persönlich für uns. Sie ist nur von dem Geist bestimmt, den wir „unseren" nennen, und dieser Geist wurde durch unsere Prägungen, unsere persönlichen Gewohnheiten, unsere Gesellschaft, unsere Kultur und, was am wichtigsten ist, durch unsere Angst bestimmt. Selbst wenn wir vielleicht eine gemeinsame Sprache sprechen, wird unser subtiles Verständnis von jedem einzelnen Wort unterschiedlich sein, weil der Geist und unser persönlicher Einfluss darauf unterschiedlich ist. Wenn ich also „Hund" sage, hörst du vielleicht „warmes, kuscheliges, freundliches Tier", oder vielleicht hörst du „gefährliches und möglicherweise wildes Tier, dem niemals erlaubt werden sollte, das Haus zu betreten."

Verstehst du? Ein Wort ist ein Wort, aber das Verständnis des Wortes ist einzigartig und persönlich für jeden von uns.

Die spirituelle Welt ist genauso. Ich sage: „Lass los." Was hörst du? Ich sage: „Gib dich dem Leben hin." Was hörst du?

Wenn ich spreche, spreche ich nur von Liebe, Freiheit und Glück.

Was hörst du?

- 20 -

Dein Leben dreht sich immer nur um dich.

Wenn du morgens aufwachst, gilt dein erster Gedanke des Tages dir. Wie du dich fühlst, was du willst, was du nicht willst. Du. Alles hat immer irgendwie mit dir zu tun. Denk darüber nach. Es ist wichtig. Dein Leben dreht sich nur um dich. Der Beginn, die Mitte und das Ende. Dein Partner, deine Kinder, deine Eltern. Was auch immer der Gedanke sein mag, er kommt von dir, und weil er von dir kommt, geht es um dich. Es geht um deine Wünsche und um deine Ängste, es geht um dich.

An dieser Stelle musst du etwas Entscheidendes verstehen: Das ist in Ordnung so. Es ist nichts Falsches daran. Es ist normal. So sind die Dinge eben, also sei nicht beunruhigt. Was immer du auch von dir denken magst, du bist nicht selbstsüchtiger oder eingebildeter als andere, aber auch nicht weniger selbstsüchtig oder eingebildet als andere.

Also erkenne das und sei frei. Was du auch tust, selbst wenn du denkst, dass du es für jemand anderen tust, machst du es in Wirklichkeit für dich selbst. Du tust es wegen der subtilen Gefühle, die dieser Gedanke oder diese Handlung mit sich bringen. Kein Problem – solange du dir nicht selbst etwas vormachst. – Also genieß es – mach es, und mach es gut. Du machst es sowieso für dich.

- 21 -
Die Welt kennen.

So widersprüchlich es auch klingen mag, wir können die Welt nicht durch die Medien kennen lernen. Die Geschichten und Berichte, die wir aus den Zeitungen, Zeitschriften und dem Fernsehen empfangen, sind immer persönliche Interpretationen der berichtenden Person. Selbst wenn wir stolz darauf sind, unparteiisch zu sein, ist diese Unparteilichkeit etwas, das nicht wirklich existieren kann, weil die Welt, die wir erfahren, immer einzigartig und etwas ganz Persönliches für uns ist. Die Wahrnehmung dessen, was wir erfahren, wird bestimmt durch unsere eigene Geschichte, unsere eigene Biographie und unsere eigene Vergangenheit. Wir mögen etwas, oder wir mögen es nicht, immer entsprechend unserer eigenen persönlichen Geschichte. Wir heißen etwas gut, oder wir heißen etwas nicht gut, entsprechend unserer eigenen persönlichen Geschichte. Wir akzeptieren etwas, oder wir akzeptieren es nicht, entsprechend unserer eigenen persönlichen Geschichte. Die Welt wirklich zu kennen ist nur dann möglich, wenn wir uns selbst kennen. Erst wenn wir die Realität dieses Geistes kennen, mit seinen Gedanken, Stimmungen, Gefühlen, Emotionen, mit seinen Fantasien, seinen Ideen, mit seiner Liebe und mit seinen Ängsten, erst dann kennen wir wirklich die Welt. In dem Moment, in dem wir verstehen, dass alles, was wir durch die Sinne und den Geist erfahren, nur unsere persönliche Interpretation des Ereignisses ist, werden wir aufhören, uns etwas vorzumachen. Wir beginnen, unser Leben einzig und allein auf unseren persönlichen und eingeschränkten Ansichten und Meinungen zu gründen. Wir werden frei davon sein, die anderen und die Situationen, in denen wir uns befinden, ständig zu beurteilen. Jetzt können wir dieses Leben feiern als das wunderbare Geschenk, das es ist.

- 22 -

Lass ein bisschen los,
und da ist ein bisschen Frieden.
Lass viel los, und da ist viel Frieden.
Lass vollständig los – vollständiger Frieden.

Ah, hier haben wir ihn, den perfekten Weg zum vollkommenen Frieden – zu einem vollkommenen Leben. Den Weg des Loslassens.

Unser Leben ist ein Spiegelbild dessen, was wir festhalten, was wir tragen. Es sind unsere Anhaftungen, die die Qualität unseres Lebens bestimmen, und Anhaftungen sind letztlich nur Vorstellungen. Deshalb lassen wir unsere Vorstellungen, wie alles und jeder sein sollte, los und akzeptieren und antworten dann auf die Dinge, wie sie sind. Es ist vergeblich zu erwarten, dass alles im Leben immer perfekt für uns sein sollte. Wahre Weisheit ist es, mit dem Leben zu fließen, so wie es sich in jedem Moment offenbart.

Die Lehre ist deshalb immer einfach: Loslassen, loslassen, loslassen, bis nichts mehr zum Loslassen da ist. Jetzt sind dein Leiden und deine Unzufriedenheit vorbei, und Glück, wahres Glück ist da.

Erinnere dich, wann immer du irgendeine Art von Unglück in deinem Leben spürst – ob Zorn, Angst oder Stress – dann stell dir einfach diese Frage: „Woran halte ich in diesem Moment fest?"

Nimm wahr, ob du größer als deine Vorstellung sein kannst!

- 23 -

Nur das Ego leidet.

Es scheint, dass wir immer damit beschäftigt sind, unser Leben wichtig aussehen zu lassen und uns wichtig zu fühlen. Wenn wir erklären, was wir tun, ist es immer etwas Besonderes und etwas Anderes, weil wir etwas Besonderes und etwas Anderes sind. Aber tatsächlich sind wir genau so wie alle anderen auch. Unser Leben ist angefüllt mit bedeutungslosen Aufgaben und Pflichten, und weil sie bedeutungslos sind und wir das wissen, machen wir sie zuerst für uns selbst bedeutungsvoll, dann für die Anderen. Wir zeigen, dass wir besondere Fähigkeiten und Talente haben, oder dass wir eine besondere Ausrüstung und Ausbildung benötigen, und dass niemand außer uns bestimmte Dinge tun kann. Aber das ist Unsinn. Das ist nur Ego.

In Wirklichkeit ist es nur das Leben. Manche Dinge sind einfach, andere schwieriger. Aber letztlich ist es nur das Leben. Wenn du das vergisst, leidest du. Du fühlst dich mangelhaft. Verstärke dieses Gefühl nicht. Es ist nur das Ego, und nur das Ego leidet.

Entspann dich, sei locker. Tue, was du tust – erkläre es nicht, rechtfertige es nicht – tue es einfach und genieß es!

- 24 -

Alles hat uns hierher gebracht.

Wie betrachtest du dein Leben? Ist es eine Ansammlung von Fehlern und Irrtümern oder eine fantastische Gelegenheit, etwas zu lernen? Das entscheidest du, denn wie du auch dazu stehen magst, es sind all diese Ereignisse, die dich zum jetzigen Moment geführt haben, all die guten Momente, die du hattest und all die schlechten. Nur diese Teile deines Lebens. Und am Ende bist du hier. Nichts weiter.

Es gibt nichts zu bedauern, nichts festzuhalten und nichts zu verlieren. Es gibt nur Moment für Moment, Antwort für Antwort, Lektion für Lektion. Was könntest du aus dem Leben lernen, wenn du es mit Weisheit betrachtest? Lebe mit Liebe, Weisheit und Mitgefühl.

Warum? Weil es besser für dich ist!

Und vergiss nicht, deine Reise ist noch nicht zu Ende. Jeden Moment schreiben wir an unserer eigenen Geschichte weiter. Wir wirst du dich an den nächsten Moment erinnern?

- 25 -

Wir wissen vielleicht nicht immer,
was wir wollen,
aber wir wissen immer,
was wir nicht wollen.

Jeden Tag sehen wir uns tausenden von Wahlmöglichkeiten gegenüber, manche sind einfach und nüchtern, andere schwierig und komplex. Es ist verständlich, dass wir nicht immer ganz sicher sind, was wir wollen. Also sollten wir nicht versuchen, herauszubekommen, was wir vielleicht zu wollen glauben, sondern auf das schauen, was wir nicht wollen. Wenn wir uns auf der spirituellen Ebene wirklich kennen, fällt es uns nicht mehr schwer, Entscheidungen zu treffen, weil wir uns im Einklang mit unserem Herzen befinden. Wir sind offen und folgen seiner Weisung. Aber bis diese Zeit vollständig da ist, nutze den anderen Blickwinkel. Betrachte das, was du in deinem Leben nicht willst. Wir können sagen: „Ich will nicht mit Schulden leben..." Deshalb kaufen wir keinen neuen Wagen oder ein Haus. Wir können sagen: „Ich will in meinem Leben nicht allein sein..." Also öffnen wir uns für Beziehungen. Wir müssen nicht immer wissen, was wir wollen, wir müssen nur wissen, was wir nicht wollen. Das Leben wird viel einfacher und klarer, wenn wir auf unser Herz hören, das Herz kann nicht lügen. Also, wenn du dich selber fragst, leise und ehrlich: „Will ich das wirklich?" Dann höre auf dein Herz. Alle Antworten sind dort.

- 26 -

Das Leben zu verändern heißt,
sich zu erinnern, dass man anders ist.

Wir sind „Gewohnheitstiere". Wir kommen irgendwie auf einen Lebensweg und folgen ihm – egal wie. Das Vertraute wird uns lieb, deshalb halten wir gut daran fest. Wir gewöhnen uns daran, uns mit unserem Geist und seinen Gewohnheiten von Gier, Hass und Selbsttäuschung zu identifizieren und wundern uns, dass wir keinen Frieden in unserem Leben finden. Wir folgen der Gewohnheit, mit anderen zu streiten und zu kämpfen und sind dann erstaunt, dass wir andauernd zu klagen haben. Wir folgen unserer Gewohnheit zu leiden und merken es noch nicht einmal.

Alle Menschen haben das Potenzial zur Erleuchtung, zu vollständiger Befreiung von den Ursachen unseres Unglücks. Aber selbst, wenn wir es wollen, vergessen wir, uns zu bemühen und kehren zu unseren Gewohnheiten zurück. Alles, was wir wollen, ist da, für uns bereit, wir müssen uns nur daran erinnern.

Wie hören wir z.B. mit dem Rauchen auf? Wir nehmen einfach nicht die nächste Zigarette! So hören wir auf. Auch wenn es vielleicht schwierig sein mag, müssen wir uns daran erinnern, anders zu sein, als wir es gewohnt sind. Wir müssen frei sein von unseren Gewohnheiten. Lass Gier, Hass und Selbsttäuschung los, und sei frei. Denk einfach daran!

- 27 -

Wenn wir aufhören, das Glück zu suchen,
kommt das Glück von ganz allein.

E s ist ein allgemeiner, aber falscher Glaube, dass wir hart für das Glück arbeiten müssen, oder dass das Glück von unserem Besitz oder unserer Stellung in der Gesellschaft abhängig ist. Glück ist der Geisteszustand, wenn keine Angst da ist. Das ist alles. Es ist einfach.

Im spirituellen Leben ist es so: Das Wertvolle erscheint erst dann, wenn wir das Unwesentliche aufgegeben haben, wenn wir losgelassen haben.

Such nicht nach dem Glück, sondern lass deine Ängste und Zwänge los, lass alle Zweifel und Sorgen los. Und schau, da ist es.

- 28 -

**Du bist nicht kaputt,
du musst nicht repariert zu werden.**

Häufig betrachten wir uns und unser Leben und mögen nicht, was wir sehen. Irgendwann in der Vergangenheit haben wir ein Muster dessen mitbekommen, wie man als erfolgreicher Mann oder erfolgreiche Frau sein sollte, und wenn wir dem nicht entsprechen, fühlen wir uns als Versager. Aber warum?

Unser Leben ist immer angefüllt mit den Ideen anderer Leute, sei es durch die Gesellschaft, die Religion, den Film oder die Medien, aber wer auch immer diese Leute sein mögen, wenn sie nicht erleuchtet sind, sind sie lediglich so verwirrt wie alle anderen. Anders, aber nicht unbedingt weise. Und Weisheit ist der Schlüssel zu Frieden und Glück in unserem Leben.

Nimm dir einen Moment Zeit und schau in den Spiegel. Genieße, was du siehst. Es ist ein gutes Gesicht und ein guter Körper. Schenk der Person, die dich anschaut, ein Lächeln. Entspann dich und lass die Vorstellung los, wie du und dein Leben zu sein haben. Hier ist nichts falsch, außer vielleicht, dass du nicht der Vorstellung anderer entsprichst. Aber unsere Stärke liegt in der Weisheit, und wenn wir weise sind, gestalten wir ein Leben, das Wert für uns hat und überlassen Klischees und Konformismus anderen.

Du bist nicht kaputt, und du musst nicht repariert zu werden, also entspann dich, sei glücklich und genieße dein Leben.

- 29 -

Glaube ist nicht Wahrheit.

G laube ist ein wichtiger Aspekt unseres Lebens. Er ist das, was uns vor der Wahrheit schützt. Wir müssen verstehen, dass wir nur an die Dinge glauben, von denen wir nicht wissen, ob sie wahr sind. Wenn wir sie einmal wissen, glauben wir nicht mehr an sie. Denn, wenn wir sie erst einmal wissen, gibt es nichts mehr zu glauben.

Verstehst du das?

Und dieses wirkliche Wissen der Wahrheit ist keine Idee, kein Glaube, kein Vertrauen. Es ist nicht das, was uns jemand gesagt hat, und nicht das, was wir irgendwo gelesen oder gehört haben. Es ist nicht Religion. Es ist Wahrheit, die auf unserer eigenen persönlichen Erforschung des Lebens und unserem eigenen intuitiven Verständnis basiert. Der wahre Praktizierende zeichnet sich durch ein Verständnis aus, das über das seines Lehrers hinausgeht. Dies kann nicht durch Glauben erreicht werden – egal, wie großartig der Lehrer ist.

Somit ist Glaube nicht Wahrheit. Glaube ist das, was wir pflegen, wenn wir die Wahrheit nicht kennen.

Was müssen wir also tun? Aufwachen! Wachwerden für die Realität!

Glaube nichts, aber sei offen für alles! So kannst du dein eigenes Leben leben.

- 30 -

Wie können wir unser Gefühl des Unglücklichseins beenden, ohne unglücklich zu sein?

J eder Mensch möchte glücklich sein. Es ist unser erster Gedanke am Morgen und unser letzter Gedanke am Abend. Das ist es, was uns alle verbindet. Aber Glück kann man nicht erreichen, indem man etwas Besonderes tut oder immer mehr Dinge erwirbt. Glück ist der natürliche Zustand des Geistes, und deshalb müssen wir Glück nicht erschaffen, weil Glück immer da ist, immer gegenwärtig ist und immer für uns zugänglich ist. Was wir tun müssen ist die Ursache für unser Unglücklichsein loszulassen.

Erst an dem Punkt, an dem wir des Unglücklichseins müde sind, werden wir unser Leben wirklich verändern. Aber gleichzeitig ist es wichtig, dass wir das Unglücklichsein nicht als Feind betrachten, sondern als die Voraussetzung für Veränderung. Wie könnten wir unserem Unglücklichsein ohne unglücklich zu sein, ein Ende setzen?

Was ist es, das diese Gefühle in uns entstehen lässt? Sobald wir das wissen, können wir uns damit auseinander setzen und den Prozess des „Loslassens" beginnen. Es ist das Loslassen, das Raum schafft für wahres und dauerhaftes Glücklichsein.

Also betrachte dein Unglücklichsein nicht als Feind, sehe es als die Motivation und Gelegenheit für eine wunderbare Veränderung in deinem Leben.

- 31 -

Jede Erfahrung, die wir machen,
hat nur die Macht, die wir ihr geben.

Das Leben ist voller Erfahrungen. Genau genommen stimmt das nicht. Das Leben ist eine fortlaufende Erfahrung und manche Aspekte dieser Erfahrung sind angenehm, manche sind es nicht. Manche sind freudvoll, und manche sind schmerzlich, aber wie sie auch sind, ihre Realität ist die Unbeständigkeit. Nichts dauert länger als die kürzeste Zeitspanne, und was für Erfahrungen wir auch machen, sie haben nur den Einfluss und die Macht in unserem Leben, die wir ihnen geben.

Es ist wichtig, dass wir diese Wahrheit erkennen! Was immer wir festhalten, wird uns verletzen. Was immer wir wichtig nehmen, wird uns Schmerz verursachen. Was wir glauben, wird zu unserer Wahrheit. Aber die absolute Wahrheit, das Dhamma, ist klar: Zorn ist nur Zorn, Furcht ist nur Furcht, Zweifel ist nur Zweifel. Alles entsteht und vergeht und hat nur die Macht, die wir ihm geben.

Betrachte dein Leben. Betrachte, was du festhältst. Betrachte, was du verstärkst. Es gibt nichts, wofür es sich lohnt zu kämpfen, nichts, wofür es sich lohnt zu töten, nichts, wofür es sich lohnt zu sterben. Es gibt nur Ideen. Es gibt nur Bewegungen des Geistes, und jede davon ist nur das, was sie ist, bis du diese ergreifst und zu deiner persönlichen Welt machst!

- 32 -

**Ich bin nicht verantwortlich dafür,
wie du dich fühlst.**

Die Welt, in der du lebst, ist einzigartig und persönlich für dich, und alle Gefühle, die du in dieser Welt hast, kommen nur von dir. Alle guten und alle schlechten Gefühle. Das ist das große Geheimnis des Lebens. Niemand tut dir das an. Du gestaltest deine Welt selbst durch die Gewohnheit, an deinen Gedanken, Ideen und Gefühlen festzuhalten, wie alles und alle zu sein haben. Aber tatsächlich sind das nur Gedanken, Ideen und Gefühle. Es sind keine Realitäten. Sie kommen von dir und haben nur die Macht, die du ihnen gibst.

Niemand kann dich glücklich machen – nur du selbst.

Niemand kann dich unglücklich machen – nur du selbst.

In unserem Leben sind wir umgeben von Millionen von Bedingungen, die uns immer zu einer dieser beiden Extrempositionen des Geistes führen. Die große Selbsttäuschung ist, dass die Bedingung und das Gefühl das Gleiche sind. Sind sie aber nicht, und wir können das leicht erkennen, wenn wir nur ein wenig Achtsamkeit in unserem Leben entwickeln. Es gibt keine Garantie dafür, dass du glücklich bist, wenn du bekommst, was du willst. Zu verlieren, was du hast, macht nicht notwendigerweise unglücklich. Aber ohne Selbsterforschung meinen wir, dass es so ist. Wir verbrauchen viel Zeit und Energie, der Welt und allem darin die Schuld dafür zu geben, wie wir uns gerade im Moment fühlen. Aber das scheint nur so. Es ist ein Zeichen dafür, dass wir schlafend durchs Leben gehen.

Wach auf, der Kaffee ist fertig!

- 33 -

**Liebe öffnet unser Herz,
Angst verschließt es.**

Die mächtigste Kraft im Universum ist die Liebe. Auch wenn es sich oftmals am Tag nicht so anfühlt, es ist die Wahrheit. Wenn wir unser Herz öffnen und erkennen, dass es voller Liebe ist, werden wir mächtige Figuren in unserem eigenen Leben.

Das Leben steckt voller Möglichkeiten. Mit Liebe sind wir offen für diese Möglichkeiten. Das Leben wird zum Abenteuer, und wir wagen es. Manchmal kann es aufregend sein, manchmal langweilig, aber wir sind da, bereit für Veränderung und offen für alle Möglichkeiten. So fließen wir mit dem Leben und leben mit Liebe.

Angst verschließt uns vor dem Leben. Angst sieht überall Gefahren und versucht immer, Risiken zu kalkulieren, um auf der sicheren Seite zu sein. Wir verpassen das Wichtigste ohne das zu verstehen.

Wie auch immer wir leben, lebendig und mit Liebe oder ängstlich und mit Furcht, wir werden alle sterben.

Der Buddha sagte: „Derjenige, der den Tod vor Augen hat, lebt diesen Moment jetzt, voll und wach."

Also, leb jetzt, und leb mit Liebe. Dies ist dein Leben. Feiere, verpass nicht den Moment, es ist nicht sicher, ob es noch einen weiteren gibt.

- 34 -

Es gibt nichts, was du wirklich bist
und keine Art und Weise, wie du sein musst.

S ich anzupassen heißt, auf Nummer sicher zu gehen! Wenn wir aufrichtig das Rätsel des Selbst untersuchen, wie es der Buddha tat, werden wir dieselbe Wahrheit finden. Wie kann es anders sein? Wahrheit ist Wahrheit. Und wie ist diese großartige Wahrheit? Einfach. Hinter allem ist nichts. Alles ist unbeständig und hat nur die Macht oder die Realität, die wir ihm geben. In Wahrheit gibt es nichts, was du wirklich bist. Alles, was deine Identität ausmacht, ist eine Illusion. Es ist eine Vorstellung. Die Vorstellung, jung oder alt zu sein, groß oder klein, dick oder dünn, reich oder arm, Mann oder Frau, französisch oder englisch existiert nur durch sein jeweiliges Gegenteil.

Du bist nur ein Elternteil vor deinen Kindern. Du bist nur ein Kind vor deinen Eltern. Du bist nur ein Lehrer vor deinem Schüler. Du bist nur ein Schüler vor deinem Lehrer.

Wenn du allein zu Hause bist – was bist du dann?

Es gibt nichts, was du wirklich bist, und daraus folgt, dass es keine Art und Weise geben kann, wie du sein musst. Es ist nur noch mehr geistiges „Zeugs", noch mehr soziale und kulturelle Kontrolle.

Was ein Mann ist, was eine Frau ist, falle nicht darauf herein. Die Welt ist voll von unerleuchteten Wesen, die allen vorschreiben, wie sie zu sein haben.

Du brauchst nicht nach Freiheit in deinem Leben zu suchen, lass einfach die Vorstellung los, dass die momentane Existenz, die du „Ich" nennst, real und fest definiert sei.

- 35 -

W ir leiden nur dann,
wenn wir uns der Wahrheit widersetzen.

Es gibt eine leise Stimme in deinem Kopf, die dich manchmal anschreit: „So sollte es nicht sein!" Hör nicht darauf. In deinem Leben sollte es nicht darum gehen, was sein soll und was nicht, sondern darum, den Moment zu akzeptieren und dann, aus dem Herzen zu antworten – wie auch immer die Antwort aussehen mag! Unser Unglück entsteht nur dann, wenn wir nicht bekommen, was wir haben wollen. Das ist alles. Das ist eine tiefgründige, aber auch eine ein bisschen beunruhigende Erkenntnis. Unser Unglück entsteht nur dann, wenn wir nicht bekommen, was wir haben wollen, wenn wir uns dem entgegenstellen, was jetzt ist, wenn wir uns der Wahrheit widersetzen. Wenn also deine Beziehung endet, akzeptiere das, und gehe nach vorne schauend weiter. Wenn deine Karriere endet, akzeptiere das, und gehe nach vorne schauend weiter. Wenn etwas, das dir lieb ist, verloren oder kaputt gegangen ist, akzeptiere das, und gehe nach vorne schauend weiter. Dies ist nichts Banales. Es ist die Wirklichkeit.

Den Moment zu akzeptieren ist das Geheimnis des Glücks – sogar, wenn wir etwas akzeptieren müssen, was uns nicht gefällt. Es passiert dennoch, und das ist es, was wir akzeptieren müssen!

Genieß das, was du hast, solange du es hast – warte nicht, bis es weg ist!

- 36 -

Jeder Mensch ist gleichermaßen wichtig,
und jeder Mensch ist gleichermaßen unwissend.

E s gibt ein altes Sprichwort: „Der Unterschied zwischen dem erleuchteten Menschen und dem unwissenden Menschen ist der, dass der erleuchtete Mensch weiß."

Erleuchtung ist keine spezielle Qualität, die nur ein paar auserwählten Wesen vorbehalten ist, die in Indien oder Tibet leben. Es ist das vollständige, zweifelsfreie, vorbehaltlose Wissen der Wahrheit. Das ist alles!

Und Erleuchtung, die absolute Kenntnis der Wahrheit, ist für jeden zugänglich. Du musst es nur stark genug wollen. Du musst es mehr wollen, als irgendetwas anderes.

Doch bis zu diesem Moment leben wir in derselben Welt wie jeder andere auch, und in dieser Welt ist jeder gleich wichtig. Ideen, Ansichten und Meinungen sind nur das: Ideen, Ansichten und Meinungen. Vor der Erleuchtung gründen sie in einem Missverständnis, nämlich darin, das Unwirkliche für das Wirkliche zu halten. Und obwohl Menschen bedeutend sein mögen, hohe Studienabschlüsse besitzen oder hohe Positionen in verschiedenen Religionsgemeinschaften innehaben, sind sie ohne Erleuchtung genauso unwissend wie jeder andere. Nicht besser, nicht schlechter, nur anders und gleichermaßen verloren!

Bedauerlicherweise werden Regierungen von unerleuchteten Wesen geführt. Sie sind sicherlich gut ausgebildet und intelligent, aber solange sie nicht erleuchtet sind, sind ihre Ansichten und ihre Politik nicht besser, als die von irgendjemandem – nur anders! Verstehe einfach, es ist nicht nötig zu kämpfen. „Utopia" ist nur ein Traum, der Traum der Unerleuchteten.

- 37 -
Sieh mich!

Wir wollen alle anerkannt werden. Wir wollen alle gesehen werden. Als Kind stehen wir hinter unserer Mutter, aber sie ist zu beschäftigt, um sich uns zuzuwenden. Und heute stehen wir vor unserer Familie, unseren Freunden und Kollegen: Sieh mich. Sieh, wer ich bin. Sieh, ich bin jemand. Sieh, ich bin wichtig. Sieh mich!

Dieser leidvolle Schrei aus der Tiefe unseres Selbst, diese Seite unseres tiefsten Leidens.

Die einzige Person, die uns sehen muss, sind wir selbst. Der ganze Rest spielt überhaupt keine Rolle!

Wenn wir unseren Platz in unserem Leben sehen können, hören wir auf, die Anerkennung der anderen zu suchen.

Wenn die anderen dich nicht wahrnehmen können, liegt das daran, dass sie nicht fähig sind, sich selbst zu sehen.

Wenn die anderen dich nicht anerkennen können, liegt das daran, dass sie sich selbst nicht anerkennen können.

Wenn die anderen keine Liebe für dich haben, dann wirklich deshalb, weil sie sich selbst nicht lieben können.

Warte nicht darauf, gesehen zu werden, zeige stets dein liebevolles, schönes Selbst. Wer klare, offene Augen hat, wird sehen.

- 38 -

Wo auch immer du hin gehst, da bist du.

D u widersetzt dich und beschwerst dich über das Leben, aber erkennst du den Grund für dein Leiden und deine Unzufriedenheit?
Natürlich nicht und deshalb veränderst du vieles, genau genommen so viel du kannst. Manchmal betreibst du einen sehr hohen Aufwand, um das Glück zu finden. Du kannst dein Auto, deine Arbeit, deine Partnerin/deinen Partner, dein Haus, sogar dein Land wechseln. Du kannst alles Erdenkliche austauschen, jedoch solange du deine Sichtweise nicht veränderst, wird immer wieder dasselbe dabei herauskommen.

Du trägst die Ursache deines Unglücks in dir selbst. Sie geht überall mit dir hin und ist in jedem Moment gegenwärtig. Was ist die Ursache? Die Vergangenheit natürlich. Diese Vergangenheit taucht in jedem Moment auf und beeinflusst, was du siehst, hörst, schmeckst, riechst und berührst und dann dein Gefühl dazu. Du wirst leiden, bis du fähig bist, dich dem Augenblick hinzugeben, zu akzeptieren was ist, und darauf mit Offenheit und Liebe zu antworten. Es ist egal, wohin du gehst und was du tust. Solange du die Vergangenheit nicht loslässt, wird sich dein Leben immer wieder im Kreis bewegen. Das ist eine sehr, sehr wichtige Lehre. Freiheit entsteht nicht, indem du etwas bekommst, sondern indem du etwas loslässt.

Was ist dieses Etwas? Es ist einfach dein hingebungsvolles Anhaften an die Vergangenheit. Und wo ist der Ausweg? Er liegt im Sehen, Wissen, Verstehen und Loslassen. Ich wünsche dir einen schönen Tag und ein großartiges Leben!

- 39 -

Sei achtsam.

Nimm dir einen Moment Zeit und schau. Schau, wie sich unser Leben dreht, schneller und schneller, jeden Tag. So viele Dinge zu tun, so viele Dinge zu bekommen und so wenig Zeit, um das alles zu erledigen.

Ohne Achtsamkeit ist es ganz einfach, in diese Verrücktheit hineingezogen zu werden und völlig gefangen zu sein in der Aufregung, Frustration und Enttäuschung des Lebens.

Deshalb sei achtsam. Sieh einfach, wie die Dinge sind. Urteile nicht. Bilde dir kein Meinung. Sei einfach friedlich mit den Dingen, und bleibe im Gleichgewicht. Wirf ein Netz der Achtsamkeit über dein Leben, und erlaube allem zu entstehen und zu vergehen, wie es seiner Natur entspricht.

Widme deine Aufmerksamkeit diesem Moment und deiner Handlung in diesem Moment. Dieses ist dein ganzes Leben, nur dieses.

Sei achtsam, und lass die Dinge so sein, wie sie sind.

- 40 -

Tägliche Liebende-Güte-Meditation.

Möge ich frei sein von Zorn und Böswilligkeit.

Möge ich frei sein von Angst und Sorge.

Möge ich frei sein von Leiden und Schmerz.

Möge ich frei sein von Unwissenheit und Begierde.

Möge ich glücklich und friedvoll sein.

Möge ich in Harmonie sein.

Möge ich befreit sein von Gier, Hass und Selbsttäuschung.

Möge ich den tieferen Frieden im Innersten erkennen.

Mögen alle Wesen frei sein von Zorn und Böswilligkeit.

Mögen alle Wesen frei sein von Angst und Sorge.

Mögen alle Wesen frei sein von allem Leiden und allem Schmerz.

Mögen alle Wesen frei sein von Unwissenheit und Begierde.

Mögen alle Wesen glücklich und friedvoll sein.

Mögen alle Wesen in Harmonie sein.

Mögen alle Wesen befreit sein von Gier, Hass und Selbsttäuschung.

Mögen alle Wesen den Frieden im Innersten erkennen.

Die Selbst-Akzeptanz bestärken.

Finde einen ruhigen Ort, entspann den Körper, schließ die Augen und erinnere dich daran, die Wirklichkeit des Moments anzunehmen. Diese Akzeptanz bezieht sich auf diesen Moment und nicht länger als auf diesen Moment.

Möge ich andere Wesen annehmen, genauso wie sie in diesem Moment sind.
Möge ich diesem Moment annehmen, genauso wie er ist.
Möge ich mich selbst annehmen, genauso wie ich in diesem Moment bin.

Michael Kewley
www.puredhamma.org

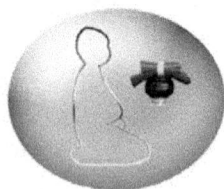